AF384753

I 7
K
3149

FAUSSETÉS

DE

L'ARISTOCRATIE D'HUNINGUE,

Présentées à l'Assemblée Nationale pour perdre les Patriotes & leur Curé.

MESSIEURS,

On répand dans votre auguste Assemblée un libelle atroce, forgé sous le marteau de la calomnie, afin de détourner vos regards de la Dénonciation présentée par le Curé d'Huningue, au nom des Patriotes de cette Ville. Leurs maux se sont accrus depuis sept mois d'oppression ; il est à craindre que leur patience blessée ne se tourne en fureur ; & leur Député se hâte de vous dévoiler les mensonges de leurs ennemis, afin que rien ne puisse plus arrêter votre jugement, si nécessaire pour ramener l'ordre & la tranquillité. Douze ou quinze minutes vous suffiront, Messieurs, pour

A

approfondir l'abîme d'horreurs, où l'on voudroit ensevelir le Pasteur & le Peuple qui a mis dans lui ses espérances.

Le sieur Ritter, soi-disant auteur du libelle, soi-disant Député, soi-disant Capitaine de la Garde-Nationale d'Huningue (1), où il ne paye pas d'impôts, où il n'est pas domicilié, ni par conséquent citoyen actif, témoignoit, il y a neuf mois, toute son estime & sa vénération au Curé par ses discours & par ses lettres, dont quelques-unes sont encore parmi ses papiers. Il voyoit en lui, (& il voyoit bien alors) le zèle & le patriotisme le plus pur d'un Pasteur qui se sacrifie pour son troupeau. Il méprisoit le Notaire astucieux dont il fait aujourd'hui l'éloge civique, contraire à ses anciennes expressions, à son cœur, à sa connoissance. Mais l'intérêt, ce grand moteur des actions de la plupart des hommes, a renversé toutes les idées du sieur Ritter, devenu l'adversaire jaloux de ce pauvre *Frere Delárue;*

____

(1) La Garde Nationale d'Huningue a été formée par la Municipalité usurpatrice ; & comme elle ne pouvoit pas trouver, dans son parti peu nombreux, des Officiers qui lui fussent dévoués, elle a cherché parmi les habitans de Colmar un Capitaine vendu à ses ordres. C'est une nouvelle manœuvre de l'aristocratie que la loi doit réprimer.

qui étoit le *protecteur & le père* de ses parens
& de ses amis ; & dans les longs loisirs que
lui laissent ses petites occupations d'Avocat à
Colmar, il a conçu, avec ceux qu'il mésesti-
moit, toutes les manœuvres qui déchirent le
sein du Curé & du Peuple d'Huningue ; de-là
l'insurrection funeste excitée par cet étranger,
qui n'auroit jamais dû s'immiscer dans les affaires
de notre Ville. (1)

---

(1) Il est certain que le sieur Ritter a dirigé chez son
beau-père, *inter cyphos & pocula*, l'opposition faite à l'élection municipale. Il est prouvé (*pièce des Adversaires, premier Février*), qu'il a assisté à la formation du Comité
illégal, qui, malgré les décrets, s'est emparé de l'administration & de la police, en dépouillant les vrais Administra-
teurs. Il est prouvé enfin (*pièce, no. 10 des Adversaires*
11 Février), qu'il a signé avec un petit nombre de citoyens
ennemis des loix à Huningue, quoique domicilié à Colmar,
la requête pour faire déposséder leur Curé. Or, combien
n'est pas répréhensible l'Avocat, qui pour séduire les
hommes honnêtes & encourager les méchans au crime,
appose dans des actes illégaux & horribles, sa signature
que l'on peut regarder comme un faux, puisque par-là il
se donne faussement pour citoyen d'une Ville où ses consorts
même ne le reconnoissent pas. (*Voyez dans leurs pièces,*
leur liste dressée pour l'élection municipale.) C'est par une
suite des mêmes manœuvres qu'il aura encore obtenu,
pour une autre requête dont il se dit porteur, diverses

On laiffera de côté, Meffieurs, les ridicules difcours imprimés en italique que l'on prête au Pafteur-Député, & tous les faits faux & dénaturés qu'on avance, fans fournir aucune forme de preuve ou d'autorité pour les appuyer. Une négation entière & abfolue fuffit bien certainement pour détruire des inculpations de ce genre, forgées par un homme qu'on va convaincre à chaque pas de menfonge & de fourberie.

Mais il en eft d'autres qui femblent étayées fur quelques pièces apparentes. Le Curé-Député doit y répondre, & en fuivant l'inquifition du libellifte, il réfutera par des pieces réelles & non pas par des pièces fauffes ou fuppofées comme les

---

fignatures des habitans de Neudorff, Saint-Louis, & autres villages qui ne font ni de la Paroiffe, ni de la Ville, ni des Fauxbourgs d'Huningue. Aujourd'hui qu'il ne peut plus trouver de fignatures en Alface, il en cherche fans doute à Paris, pour en impofer aux juges, par une maffe de faux noms qu'ils ne peuvent connoître. Les intérêts généraux & particuliers font la caufe de l'inconféquence de cet Avocat, qui *vénéroit* le Curé, & qui témoignoit du patriotifme il y a neuf mois. Il étoit patriote lorfque l'Affemblée Nationale faifoit defcendre les demi-dieux de la nobleffe & du clergé au rang des hommes ; il eft devenu ariftocrate depuis qu'elle veut couper le aîles de la gent emplumée dont il eft membre.

adverſaires ; 1°. *ce dont on l'accuſe avant ſa no-*
mination à la cure d'Huningue ; 2°. *ce dont on*
l'accuſe depuis ſa nomination à la cure d'Hunin-
gue ; 3°. *enfin, ce dont on l'accuſe, avec les*
Patriotes, dans l'affaire de l'élection municipale,
la ſeule qui auroit dû être traitée , la ſeule
qui doit fixer votre attention, que l'on voudroit
diſtraire par des objets étrangers & calomnieux,
ſur leſquels vous n'avez pas même à juger.

Le Curé - Député vous demande pardon ,
Meſſieurs, s'il paroît vouloir vous occuper de ſa
juſtification inféparable de celle des Patriotes,
lorſqu'il s'agit de prononcer ſur les intérêts preſſans
d'une Ville forte, & de 160 communautés du
Diſtrict que la Municipalité uſurpatrice d'Huningue veut mettre en combuſtion. Jaloux de votre
eſtime , il devoit expoſer ſa conduite à vos yeux ;
& certainement vous trouverez que tous & chacun
des faits qu'on vous a préſentés contre lui ſous
des couleurs ſi noires , en les rapprochant de la
lumière tournent à ſon honneur , & lui méritent votre bienveillance. Mais ſi vos grands
travaux ne vous laiſſent pas le tems de les approfondir, du moins daignez fixer votre attention
ſur le dernier article, pour le ſalut du peuple,
auquel il ſacrifie tout ce qu'il a de plus cher.

A 3

§. I. *Ce dont on accuse le Curé-Député avant sa nomination à la cure d'Huningue.*

Le Curé d'Huningue, dit-on, a fait des livres ; & comme il a exposé, dans l'amélioration du fort des Militaires, des moyens peu dispendieux au tréfor public, pour porter la folde des troupes à onze fols par jour, les Militaires de la garnifon qui en ont eu connoiffance paroiffent touchés de ce qu'il s'eft occupé de répandre des lumières fur l'augmentation qu'on vient de leur accorder ; & de-là le libellifte déraifonnant conclut (*pages 20 & 21, not. 1.*) qu'il a formé le *deſſein criminel de foulever la troupe* contre les Municipaux intrus d'Huningue. Eh quoi ! un livre compofé depuis trois ans, que Monfieur, Frere du Roi, que des Généraux, des Légiflateurs ont honoré d'un approbation diftinguée, un livre qui préfente les même bafes philofophiques pour une armée nationale & invincible, que la légiflature paroît adopter dans ce moment, ce livre auroit été conçu *dans le deſſein criminel de foulever la troupe* contre une Municipalité dont l'idée même n'étoit pas formée ! Quelle atrocité ! Quelle ineptie.

On pourroit fe difpenfer après cela de difculper *la confolation au peuple*, faite par le Curé d'Hu-

ningne , du reproche infenfé *d'ariftocratie*. D'ex-
cellens Patriotes de l'Affemblée Nationale qui
l'ont lu & qui s'en font fervi, en penfent tout
différemment. Mais pour lever ces foupçons odieux
que fes ennemis veulent répandre , on obfervera
que les deux ouvrages qu'ils noirciffent , ont été
arrêtés , *enbaftillés* par l'ancien miniftère , &
qu'ils n'ont été délivrés que par l'ordre de la légiflature : c'en eft affez pour les blanchir.

Et comment pouroit-on fuppofer que le Curé
d'Huningue qui trouve de fi grands avantages
particuliers dans la révolution , fût oppofé à fes
principes ? Ses revenus fe trouvent augmentés ; il
voit au même inftant ceffer les perfécutions des
Magiftrats de fa Ville, les perfécutions des Mi-
niftres , les perfécutions des Moines, & enfin les
perfécutions du vieil ordre judiciaire contre lequel
il a eu la hardieffe de lutter , & qui a cherché
à l'écrafer dans fon injuftice.

Ce font ces bleffures , Meffieurs , que le libellifte voudroit lui reprocher. Vous les trouverez honorables lorfque vous en connoîtrez la
caufe.

Il n'avoit que dix-neuf ans , & déjà le defpotifme clauftral avoit pefé fur fa tête. Chanoine
Régulier de la Trinité, étudiant alors en Sorbonne,
il compofa un ouvrage fur la réformation du Clergé

religieux (1), qu'il remit à la commiſſion royale. Son Mémoire fut accueilli, & les plans du régime républicain qu'il propoſoit pour ſon Ordre furent entièrement adoptés. On força le grand Miniſtre & les Partiſans de l'arbitraire qu'il avoit gagné, de les inſérer dans les ſtatuts auxquels le Chapitre travailloit. De-là la haine de tous ces ambitieux de cloître, contre le pauvre *Frère Delarue*, de-là l'exil dont il fut frappé pendant trois ans.

Cependant le grand Miniſtre croyoit qu'il pouvoit lui être utile. Il l'engage à revenir pour ſoutenir ſes thèſes en Théologie à Paris (2). Il le déſigne

---

(1) Cet ouvrage intitulé *le Religieux citoyen*, ou *Réflexions patriotiques ſur la réforme du Clergé régulier*, compoſé, il y a vingt-quatre ans, que l'Auteur refuſa de faire imprimer pour ne pas accroître la perſécution, ne iparoîtroit pas aujourd'hui indigne des vues de notre légiſlature.

(2) Le libelliſte (*page 6.*) a l'imprudence de dire qu'il *uſurpe à Huningue la marque diſtinctive de Bachelier de Sorbonne, dont il n'oſe prendre le titre à Paris.* Le Curé déclare qu'il n'a jamais pris à Huningue la marque diſtinctive de Bachelier de Sorbonne, qu'il a bien le droit de porter. Et s'il n'en a pas pris le titre dans ſes Mémoires, c'eſt qu'il eſt fort inutile à ſa cauſe de dire qu'il eſt *Prêtre, Bachelier de Sorbonne, Chanoine régulier de la Trinité, Préſident des citoyens actifs, Curé-Député extraordinaire de la Ville d'Huningue.* Il lui ſuffiſoit de préſenter à l'Aſſemblée Nationale ſa dernière qualité.

pour profeffeur & même pour procureur-général
de l'Ordre. Ceux qui le connoiffoient alors favent
combien il eut de peine à quitter l'étude tranquille
de la littérature, pour céder à ces invitations ;
& plut à Dieu qu'il eût perfévéré dans fa ré-
fiftance !

. On comptoit lui faire garder le filence fur les
abus. Mais il fe montra fermement attaché au régime qui venoit d'être approuvé dans toutes les for-
mes. De nouvelles perfécutions lui furent fufcitées
par les ufurpateurs, & notamment par l'un d'eux,
plus particulièrement intéreffé, le fieur Chauvier (1), grand Ex-Miniftre qui ne fera pas porter

---

(1) La conduite injufte & vexatoire du fieur Chauvier donna
lieu à un appel comme d'abus, encore aujourd'hui pendant
au Parlement. Il eft certain que cet homme, concentré dans
fon égoïfme, a toujours voulu perdre fon confrère, qu'il
croyoit devoir nuire à fes vues ambitieufes. Celui-ci dans
fon malheureux procès de Befançon, dont on va parler,
lui ayant demandé par lettre & par acte judiciaire, qu'il lui
donnât, pour la forme, fa permiffion ou autorifation de
pourfuivre, que les Adverfaires difoient néceffaire ; il lui
promit d'abord, le fit attendre enfuite, & finit par le re-
fufer. Ce refus a été le feul & unique moyen de *nullité*
prétendue, que les juges ayent trouvé pour fauver leur
collegue & amis. Que penfer d'un père qui refufe à fon
fils la permiffion de fe défendre contre ceux qui veulent le
déshonorer & qui ont attenté à fa vie ?

le deuil à fes confrères qui foupirent après le moment où la légiflature les mettra à portée de fe
féparer de lui.

Cependant pour fe fouftraire à toutes ces tracafferies , il s'étoit retiré au fond de la folitude.
La haine des Moines ambitieux l'y fuivit. Une
réclamation s'éleva contre leur defpotifme. L'ob-
fervation du régime démocratique nouvellement
fanctionné , fut requife. *Frère Delarue* fe trouva
entraîné avec les réclamants. On appelle comme
d'abus au Parlement de Paris ; il eft chargé d'é-
crire & de pourfuivre. Mais auffi-tôt le fieur
Abbé *Pomyer, de glorieufe mémoire* , pour faire
triompher le Général , force l'Appellant de quitter
Paris dans vingt-quatre heures. Et pendant qu'il
le retient éloigné de cette Ville , il fait rendre
illégalement fur fon rapport , fans inftruction ,
fans plaidoirie , un Arrêt qui femble anéantir l'appel comme d'abus. Mais un fecond appel intime-
ment lié au premier y eft joint , fur l'avis de
Me Pialles , Target , Courtin , de Hérain , de
Saint-Aubin , Mouricault & Maiziéres , Jurif-
confultes célebres , qui, mis en paralelle avec l'Abbé
Pomyer , doivent obfcurcir fa gloire. Cet appel
qui ramene la révifion d'un procès , où l'aftuce &
la force ont opprimé le jufte trop foible , eft encore
aujourd'hui pendant au Parlement de Paris. Le

désagrément de plaider, l'impossibilité même de fournir aux énormes dépenses que la plaidoierie entraînoit, sont les véritables raisons qui ont arrêté les poursuites du Curé d'Huninguë, qui d'ailleurs fut mis à l'abri des vexations des aristo-crates monastiques.

Telle est cette affaire de Paris, qu'il représente dans la plus exacte vérité, dont il offre encore toutes les preuves légales. Celle de Besançon fut la suite d'un outrage, d'une espèce d'assassinat commis contre lui par la plus noire gratitude.

Sur la requête du Procureur du Roi, & infor-mations résultantes, la personne coupable fut décrétée, & avec elle plusieurs *robinocrates* ; ses consorts alloient être poursuivis extraordinaire-ment. Mais la chicane interjette appel du décret, & laissant à part le fond de la question, fait dé-clarer la *requête nulle*, comme on le voit dans l'Arrêt cité, sous le prétexte faux & inhumain que le sieur Delarue, Chanoine Régulier n'avoit pas eu droit de se plaindre en justice d'avoir été ou-tragé & presque assassiné, sans l'autorisation de son Supérieur général qui la lui avoit cruellement refusée. Alors, Messieurs, le droit qu'a chaque individu de résister à l'oppression, les droits de l'homme, n'avoient pas été décrétés dans votre sage législature, & le Parlement de Besançon (1) crut pouvoir les méconnoître ; afin de sauver son cher confrère, le barbare Gevingey, dont le peuple a fait justice dans le commencement de notre révolution, en l'enfermant comme une bête féroce, qu'il se faisoit montrer tous les jours à la grille de la prison.

On sent bien que ces deux arrêts ne terminoient pas les affaires, mais ils les prolongeoient, ils jettoient le pauvre Curé dans un nouveau dédale de procès auxquels on savoit que sa bourse ne pourroit pas fournir, & par-là on étoit sûr de l'empêcher d'obtenir jamais justice. C'est le même but que se proposent les Adversaires actuels. Assurés de perdre leur cause, si le jugement intervient, *le premier objet*, écrivent-ils à leur cher protecteur, le sieur Phliéger, qui a bien rempli leurs instructions ; *le premier objet, c'est de traîner le Curé en longueur pour l'épuiser. Il n'est pas riche. Ses partisans se lasseront de lui fournir ; il faudra*

____

(1) Plusieurs parents des Accusés restèrent sur les fleurs de lys, & se firent juges de l'Accusateur. Plusieurs bien intentionnés se retirèrent par sollicitations ou par menaces des coupables. Cependant la question fut débattue long-tems par ceux qui restèrent. Mais le grand nombre de parents, de compères & d'amis des coupables, l'emporta sur la saine partie. On voit par-là que le Curé d'Huningue ne juge pas de la même manière de tous les membres des Parlemens. Il y en a qu'il honore d'un respect infini.

qu'il quitte Paris , & notre procès sera gagné. Si cette lettre infâme que M...... a arraché des mains du Curé , pouvoit être niée , il affirme qu'il lui en reste des preuves testimoniales invincibles. Après tant d'atroces manœuvres , que les seuls coupables peuvent voir sans frémir d'indignation , vous sentirez , Messieurs , la nécessité d'accélérer un jugement , que les Adverfaires voudroient sans cesse reculer.

Vous venez de voir la cause & l'histoire de deux arrêts que les adverfaires très-suspects dans leurs écritures , vous ont présenté de leur plume sans aucune forme probante, & d'une manière tronquée & inexacte. Si on vous les eût remis en entier , vous auriez remarqué que les deux Parlemens dont le Curé a tant lieu de se plaindre , ne l'ont pas eux-mêmes jugé coupables , puisqu'ils n'ont pas pu le condamner à aucuns dommages & intérêts , ni à des reparations , ni à des excuses , & qu'ils le renvoyent *sans dépens , dépens compensés ;* & si on a injustement supprimé à Befançon, comme calomnieux, ses Mémoires très-véridiques de *la vérité des faits ;* on a plus justement supprimé de la même manière celui de *la vérité rétablie* produit par les Accusés. Quelle conclusion tirer de ces jugemens , sinon qu'il y avoit d'un coté des coupables puissans qu'on a voulu sauver , & de l'autre un homme foible à qui on n'a pas voulu faire

juſtice. Telle a été l'opinion publique de la
Franche-Comté ; & il ne craint pas d'appeller en
témoignage tous les honorables membres de cette
province, qui n'ignorent pas les applaudiſſemens,
les conſolations & les marques d'eſtime qu'il a
reçus dans leur Capitale.

Enfin, Meſſieurs, quand les deux procès du
ſieur Delarue, à Paris & à Beſançon, ſeroient entièrement contre lui ; quand les deux arrêts que
l'on cite ſeroient définitifs & encore plus à ſon
déſavantage, ils n'ont aucun rapport à l'affaire
préſente, & dans aucun cas ils ne pourroient être
allégués pour le faire deſtituer de ſa cure. Auguſtin avoit fait des fautes avant d'être élevé à l'é-
piſcopat, & Auguſtin fut le modèle des Evêques.

Au reſte, Meſſieurs, le Curé d'Huningue fort
de la bienveillance du Prince ſon Evêque (1), &
de M. l'Evêque de Lydda ſon ſuffragant, Député
à l'Aſſemblée Nationale (2), fort de la conſidéra-
tion du corps militaire où il a ſervi pendant dix
ans, & dont les Commandants & les Soldats le

---

(1) Voyez dans la dénonciation page 17, la lettre du
Prince-Evêque & de ſon Official. Il ſeroit trop long de les
recopier ici. Elles ſont d'autant plus fortes, qu'elles ſont une
rétractation de l'erreur dans laquelle on les avoit induits.

(2) M. l'Evêque de Lydda qui a déjà défendu le Curé, ne
l'abandonnera ſûrement pas devant l'Aſſemblée Nationale.

chériffent encore (1) ; fort des témoignages multi-
pliés des perfonnes les plus vénérables qui font
entre fes mains ; fort de l'eftime publique que
des ennemis ont voulu lui ravir en Franche-Comté,
où le peuple qui le confoloit s'eft chargé de lui
faire juftice, & de les couvrir de confufion ; fort
de l'attachement de fon tronpeau qui lui en donne
tous les jours de nouvelles marques , malgré les
perturbateurs qui veulent l'égarer par les menaces

____

(1) Le libellifte ne fait où trouver des calomnies pour
noircir le Curé. Il va en chercher jufque dans le régiment
de Bourgogne , dont tous les individus lui ont témoigné &
lui témoignent encore de vive voix & par écrit une eftime fincère. M. de Ganges, ancien Colonel , & M. de Raftignac, Colonel actuel , & autres Officiers, l'ont comblé de bontés depuis
qu'il eft à Paris ; & voici la lettre qu'il reçoit de M. Dela-
roque , Lieutenant-Colonel-Commandant , du 7 Juillet.
J'ai reçu , M. le Curé , avec plaifir & reconnoiffance ....
votre dénonciation. Je favois en partie les tracafferies qu'on
vous faifoit. Mais comme les détails venoient par des per-
fonnes fufpectes , j'étois en garde fur ce qui fe débitoit. Le
fuccès que vous venez d'avoir au Comité des rapports fur
cette affaire , doit faire revenir ceux prévenus contre vous.
Je fouhaite bien fincèrement que tout le monde , fur-tout
vos paroiffiens , vous rendent la juftice que vous méritez ;
& que vous trouviez enfin la tranquillité que vous défirez
depuis fi long-temps , pour travailler paifiblement aux ou-
vrages louables dont je vous ai toujours vu occupé , &c.
(pièce , no. 43) Qui croiroit après cela aux fictions men-

& la féduction (1) ; fort enfin du fentiment de
fa confcience , il ne craint pas de dire que fes
bleffures dans lefquelles une main cruelle tourne
le poignard pour les enfanglanter de nouveau ,
font les crimes des defpotes judiciaires , dont vous
venez de prononcer la fuppreffion fi defirée. Peut-
être même, fon énergie & fes malheurs n'ont-ils
pas été inutiles à votre ouvrage. Cinq cens mille
ames ont connu la juftice de fa caufe ; cinq cens
mille ames fe font récrié contre l'ignorance , les
compérages, & l'iniquité de fes juges. Et fûrement ,
Meffieurs , l'injuftice éclatante qu'ils lui ont fait
éprouver , eft du nombre de celles qui ont foulevé
le peuple contre eux , & qui lui ont fait recevoir
avec reconnoiffance le Décret que vous avez rendu
pour la nouvelle formation des tribunaux.

§. II. *Ce dont on accufe le Curé depuis fa nomi- nation à la cure d'Hunigue.*

L'inquifition que le libellifte impudent fait de

---

fongères , invraifemblables , fur fa retraite du régiment de
Bourgogne , où on lui a encore continué fes gratifications
long-temps après qu'il a été nommé à la cure d'Huningue.

(1) *Voyez la requête du 11 Juillet* , nº. 42 , *où les habitans d'Huningue fupplient l'Affemblée Nationale de terminer les affaires pour lefquelles ils ont député leur cher*

la

la conduite du Curé d'Huningue depuis qu'il a été mis en poffeffion de ce bénéfice, paroît plus rapprochée de l'époque des difcuffions qui font foumifes à l'augufte Affemblée ; & quoiqu'elle foit encore abfolument étrangère au litige, on va fuivre ici chacune des calomnies & les réfuter en détail.

Nommé à la cure d'Huningue, il fut prié, même avant d'en avoir pris poffeffion, par une perfonne de qualité qui vouloit affurer une fomme de douze mille livres aux pauvres, de rédiger un acte dans lequel on rappellât celle de dix mille livres qu'elle avoit donné antérieurement, afin de mettre des entraves à l'adminiftration arbitraire du Magiftrat, dont elle n'étoit pas contente. Son intention étoit que les Officiers de l'État-Major & quelques bourgeois y entraffent comme délibérants, & que le Curé fût à la tête. Celui-ci eut la politeffe d'en prévenir les plus anciens Magiftrats, & difpofa même les plans avec eux. Cependant le Notaire, inftrument paffif, mais jaloux, haineux & turbulent, cabale auprès d'eux, réveille

____

Curé, afin qu'ils puiffent lui témoigner leur reconnoiffance, & continuer de s'édifier par fes exemples & fes vertus. Elle eft fignée de 207 citoyens qui forment les trois quarts de la ville.

B

leur morgue, leur montre qu'ils vont avoir des ſurveillants, & retourne, leurs perruques & leurs têtes. De-là une coalition auprès de la dame, qui à force de laſſitude ſe prêta au changement d'un article peu intéreſſant, en ordonnant néanmoins expreſſément que le Curé reſtetoit à la tête de l'Adminiſtration ; & il eſt ainſi porté dans le contrat, malgré toute l'aſtuce du correcteur peu délicat. Mais accablé de tracaſſeries, ſans pouvoir empêcher l'infraction des réglemens, en faveur deſquels il proteſta, le Curé prit le parti de s'en retirer au bout de trois mois, après avoir ſurveillé le placement de la nouvelle ſomme de douze mille livres, & de celle de dix mille livres, qui reſtoit depuis long-temps en non-valeur, dans la boûtique d'un Magiſtrat marchand.

Cependant tout occupé du ſoulagement de ſes paroiſſiens, & de l'amélioration de l'ordre moral, il entreprit d'établir un attelier, pour faire diſparoître la fainéantiſe, & occuper les enfans & les vieillards, dont il réunit un grand nombre dans ſa propre maiſon, pendant les rigueurs de l'hyver de 1788 à 89. Il avoit recueilli une ſomme de deux cens ſoixante trois livres, dont les trois quarts lui avoient été remis par des Officiers charitables de la garniſon avec leſquels il étoit lié, il l'employa à cette inſtitution politique & pieuſe,

où il a en outre déboursé près de huit cens livres
de ses propres deniers ; & il ne lui reste pas aujourd'hui pourplus de quatre cens livres de matières ouvrées ou de métiers qu'il avoit acquis.

Voilà le compte abrégé d'un Établissement dont
la formation devoit entraîner beaucoup de pertes
dans le principe. On en auroit sûrement tiré de
grands avantages par la suite. Mais les moyens
vils & odieux que la cabale prenoit pour éloigner les
pauvres du travail, auquel plus de soixante s'étoient
d'abord livrés, obligerent le Curé de l'abandonner.
Il a fait à la charité le sacrifice de toutes ses avances,
qu'il ne redemande point à l'Administration. Il at-
tendra, pour rétablir cet attelier utile, que des Ad-
ministrateurs bien intentionnés, se réunissent à ses
vues ; & il conserve pour cet effet, les métiers,
dont la fourniture gratuite aidera beaucoup à re-
nouveller cette institution.

Que le libelliste, toujours forgeant des calomnies plus absurdes les unes que les autres, débite
après cela, que le Curé a retenu le salaire des pauvres qu'il a occupés ; on ne dira pas pour le justi-
fier, que dans le tems même où il faisoit faire l'ap-
prentissage aux enfans qui gâtoient beaucoup de
matières, il leur payoit leur mauvais ouvrage plus
qu'on ne paye le bon dans les lieux circonvoisins,
afin de les encourager au travail ; on ne dira pas

que l'écrivaſſier impoſteur ne préſente aucune
plainte des ouvriers contre lui (qui pourroit d'ailleurs être comme tant d'autres, mendiée, ſurpriſe,
ou forcée ;) mais on ſe contentera de rappeller qu'il
crie ſans ceſſe avec ſes adhérens & leurs protecteurs
à l'Aſſemblée Nationale, que le Curé n'a pour lui
que la *canaille* & les pauvres. Et celui-ci, bien loin
de s'affliger de cette nouvelle inculpation qui contredit l'autre, eſpere qu'elle lui fera honneur aux
yeux de ſes Juges ſenſibles, qui reconnoîtront en
lui le pere, l'ami des infortunés, qui empêche que
les ſoi-diſans *riches* (1) ne dévorent leur ſubſtance.

Cependant le jour des doléances arrive : le Curé
ne ſongeoit ſûrement pas à s'en mêler ; mais des
Députés de la bourgeoiſie, à la tête deſquels étoient
les ſieurs Ritter, ſoi-diſant Maire, & Matter, frere
& beau-pere de l'auteur du libelle, viennent le prier
avec larmes, de leur donner des inſtructions ſur leurs
intérêts, & de rédiger leur cahier. Le Curé a encore ces prieres & autres écrits de leur main, qui

---

(1) Les richeſſes des deux partis de la ville d'Huningue
ſont très-peu conſidérables. Mais ſi on vouloit entrer en
compte, les patriotes plus nombreux, quoique plus mal-
aiſés préſenteroient une maſſe de numéraire certainement
plus conſidérable que les ariſtocrates plus faſtueux, plus ar-
rogants, mais plus endettés.

font voir l'inconféquence & l'ingratitude atroce de
ces deux chefs de la faction qui veut aujourd'hui le
dépoſſéder. *Il nous a ouvert les yeux*, diſent-ils
dans leurs cabarets , avec une ſotte impudence,
*il nous à rendu de grands ſervices ; mais au-
jourd'hui nous n'avons plus beſoin de lui.* Quelle
perverſité !

Le Curé ne connoiſſoit pas les affaires de la
ville , dans leſquelles il n'avoit jamais ſongé à s'in-
troduire. Il voyoit en général , que tout étoit dirigé
deſpotiquement , par un certain nombre de ſoi-
diſants Magiſtrats, qui dans le fond étoient pour la
plupart uſurpateurs. Il répondit donc aux Députés
qu'ils n'avoient qu'à s'informer des comptes & des
cauſes de dépenſes de leur ville ; & pour lui, afin
de ne pas être entraîné dans cette démarche , il ſe
retira à Bâle une heure avant l'Aſſemblée. Il apprit
à ſon retour, qu'elle avoit été orageuſe, & néanmoins que la reddition des comptes , légalement
due à tous les bourgeois , ſeroit préſentée le ſur-
lendemain.

Il en réſulta qu'il y avoit entre les mains de ces
Meſſieurs, 3 ou 4000 liv. en non-valeur , au lieu
des prétendues dettes pour leſquelles ils percevoient
un octroi de plus de 5,000 liv. annuellement, qu'ils
vouloient proroger à perpétuité. De - là cette do-
léance fournie par le Curé, enregiſtrée malgré toute

la rage des Magiftrats : *que les octrois inutilement établis, ou pour des caufes qui auroient ceffé, feroient abolis.* De-là enfin cette confultation faite enfuite, pour favoir fi on ne pouvoit pas fufpendre le payement de cet impôt, devenu inutile & injufte, fans attendre la décifion de l'Affemblée Nationale. Et comme le fieur Ritter, libellifte-Avocat, originaire d'Huningue, y a figuré, & en a été payé avec deux autres Avocats de Colmar, il voudroit prétendre que c'eft à lui qu'on doit de la reconnoiffance pour ce foulagement. Il feroit inutile d'en dire davantage.

D'autres objets furent encore portés dans les doléances; & leur abolition, qui fut enfuite effectuée, après qu'une Municipalité légalement créée, il y a un an, fut mife à la place des ufurpateurs, monte à plus de 2000 livres.

La majeure partie de cette Municipalité légale, étoit pleine de zèle pour le bien public; mais à chaque pas, elle fe trouvoit empêchée par le fieur Ritter Syndic, aujourd'hui foi-difant Maire, frere du Libellifte. Le Confeil Général de la Commune fut obligé de l'admonefter d'abord de vive voix, & enfuite par des arrêtés qui lui ont tous été communiqués publiquèment à l'Hôtel-de-Ville, quoiqu'il ofe le nier par la voix de fon cher frere Avocat, toujours occupé à forger des affirmations

& des négations menfongeres. Cependant ils ne furent point portés dans les regiftres, parce que le Curé repréfenta qu'il fuffifoit de le contraindre à fe prêter aux opérations néceffaires, & que d'ailleurs il falloit chrétiennement ménager fa réputation. Et en conféquence, tous confentirent que les arrêtés faits par la Municipalité & par le Confeil Général, refteroient entre les mains du Curé, qu'on ne s'en ferviroit contre le Syndic, que dans le cas de néceffité (1), & qu'ils feroient brûlés devant lui à la fin de fon Syndicat, s'il fe prêtoit au bien public.

Telle fut la conduite ferme & en même tems charitable des Officiers Municipaux envers le Syndic. Si elle n'a pas pû empêcher tous les maux qu'il a occafionnés, du moins elle a beaucoup diminué le retard dans la perception des impôts & des dons patriotiques.

Le Curé-Député a avancé qu'à la mi-Février une grande portion des impôts & des dons qui auroient dû être payés dans le mois de Décembre, reftoient entre les mains du Syndic. Et fon cher frère pour le juftifier préfente des quittances du mois d'Avril, tems auquel la dénonciation publiée fit peur à nos Adverfaires, qui laifferent aller

____

(1) Voyez ces deux arrêtés qu'on eft forcé de produire, pieces nos. 2 & 3.

une partie de l'argent qu'ils retenoient. Il croyoit fans doute tellement preffer le jugement après fon libelle, que le Curé & les juges n'auroient pas le temps de vérifier la fauffeté de fes allégations (1).

Qu'il fe glorifie enfuite d'avoir payé un don de trois cens livres au lieu de cinq cens livres, votées purement & fimplement par la Commune, fans aucune des conditions qu'il fuppofe ; qu'en peut-on conclure ? Sinon que nos Adverfaires ont retenu les deux cinquièmes du don que nous avions deftiné d'une voix unanime au fecours de l'Etat ; finon qu'ils ont tranfgreffé les ordres du peuple, & privé la Patrie de l'offrande qu'il lui faifoit. Sont-ce là des preuves de patriotifme ou d'ariftocratie ?

Il feroit inutile, Meffieurs, d'entrer dans de plus longs détails. On offre de démontrer tout ce que l'on avance. C'eft fur des pièces valides & non pas fur des allégations menfongères que le Curé appuye fes Mémoires. Cette forme de difcuffion probante lui affurera certainement votre eftime qui eft l'objet de fon ambition. S'il s'ap-

____

(1) Il cite les pieces 12 & 13 d'un payement fait dès la mi - Septembre. La date eft fauffe. Il eft queftion de la mi-Décembre, tems auquel fur la promeffe que fit le Curé avec deux Municipaux, de rendre, s'il étoit néceffaire, l'avance de 1500 liv. à laquelle il engageoit la ville, elle fut enfin remife par le Syndic.

peſantiſſoit plus long-tems ſur cette matière qui l'intéreſſe ſeul , il craindroit de prolonger les malheurs du peuple qui lui a confié ſes intérêts. Il y a ſix mois qu'il ſouffre avec patience. Mais ſes plaies deviennent tous les jours plus douloureuſes , ſon cœur s'aigrit , le déſeſpoir pourroit le porter à quelques excès ; & il n'y a que votre juſtice qui puiſſe arrêter une exploſion fatale.

§. III. *Ce dont on accuſe le Curé & les Patriotes dans l'élection de la Municipalité.*

Nous en ſommes venus , Meſſieurs , au ſeul point qui doit fixer vos regards , l'élection de la Municipalité.

On prétend que le Curé a deſiré d'être Maire. Ce deſir, quand il ſeroit réel , ne ſeroit ſûrement pas un crime. Mais quoiqu'il ne fut pas éloigné d'accepter cette place à laquelle le peuple le croyoit néceſſaire pour le bien commun , il eſt faux qu'il ait fait pour l'obtenir la moindre démarche qui ait pu compromettre ſa délicateſſe. Celui qui a offert d'abandonner la préſidence pour ramener la paix (1), n'étoit pas dans le cas de s'avilir pour la mairie.

Il eſt vrai qu'on cite trois perſonnes qui certi-

____

(1) Voyez la ſuite de la dénonciation, pag. 23 & 24. Ce fait n'eſt pas contredit par le libelliſte

fient que le fieur Delarue leur a demandé leurs voix. Mais, 1°. ces trois perfonnes du nombre de nos Adverfaires, revêtus de la dignité ufurpée de notable dont il vont être dépouillés par le Décret projetté au Comité des Rapports, ne méritent certainement aucune croyance ; leur témoignage eft trop intéreffé pour ne pas être récufable. 2°. Cette demande du fieur Delarue, fi elle étoit vraie, ne feroit encore criminelle que dans le cas où il y auroit joint quelque moyen de féduction ; or les Adverfaires dans leur déclaration ne l'accufent ni d'argent offert , ni de promeffes quelconques pour les tenter. Le feul Cronn dit avoir *bu un coup avec lui* , parce qu'il étoit à fouper lorfqu'il entra au Presbytère. Combien ne feroit-on pas étonné qu'un allemand fut forti à fec dans la circonf-tance d'une bouteille débouchée. 3°. Enfin il eft ab-folument faux que le Curé leur ait jamais demandé leur voix pour la mairie. Il ne leur a parlé dans cette occafion, que parce que le factieux Blanchard avec le libellifte & quelques autres intrigants leur avoient dit très-malicieufement *que le fieur Curé n'étoit pas citoyen actif.* Ces trois bourgeois avoient ré-pété ce propos des Adverfaires ; & il crut devoir leur expliquer la fauffeté de cette affertion , pour écarter les débats qu'on vouloit fufciter à ce fujet dans l'Affemblée de la Commune. Il ne s'agiffoit

donc pas d'une intrigue formée , mais d'une intrigue déjouée. Et les Adverſaires déclarants ne
pourroient ſûrement pas le nier en confrontation
avec le Curé. Il ne peut pas croire que les fauſſetés
de leur déclaration proviennent de leur tête &
encore moins de leur cœur. Elles ſont ſorties ſans
doute de cette fabrique ſuſpecte par tant de faux ,
de ſurpriſes & de ſéductions, que nous avons déjà
prouvés & que nous allons prouver encore , ſans
aucun égard à l'éloge civique du ſieur Blanchard ,
recouſu par le libelliſte qui l'accabloit , il y a neuf
ou dix mois , du plus ſouverain mépris. O vil intérêt , combien de variations tu opères dans les
idées de l'homme !

Le libelliſte veut d'abord excuſer le ſieur Blanchard d'un premier faux , dans un acte pour les
pauvres , dont le Curé n'avoit point parlé dans
ſes Mémoires. (1) Mais il a ſoin , Meſſieurs , de
ſe taire ſur le *faux décret* publié par lui , pour
former la baſe de la Municipalité , qui par cette
raiſon ſeule vous a paru devoir être caſſée (2) :

---

(1) Voyez ci-devant les pages 17 & 18, où on a été obligé
de rapporter l'hiſtoire de cet acte bien différent de ce qu'en
dit le ſieur Ritter. Loin de faire tort au Curé, cet acte lui fait
ſûrement beaucoup d'honneur.

(2) Voyez les pièces nos. 22 & 23.

filentium confeffionem imitatur. Enfuite il difcute un troifième faux dans la déclaration furprife au nommé Raiche, meffager de ville , qui eft venu auffi-tôt chez le Curé figner fa rétractation au bas du même acte notarié (1). Et fa propre difcuffion, que vous approfondirez, fuffit pour faire connoître combien font coupables le fieur de Buffévent & fon commode notaire (2). Enfin pour ajouter à ce bel éloge civique, nous préfentons de nouvelles pièces, qui prouvent encore mieux l'aftuce & la fourberie d'un

---

(1) Pièces n°. 19 page 3.

(2) Le libellifte fe rejette fur ce que le nommé Raiche a écrit dans fa rétractation , *qu'on ne lui avoit rien dit autre chofe, finon qu'il falloit ABSOLUMENT qu'il donnât par écrit fa réponfe.* D'où il réfulte qu'on ne l'a pas forcé de déclarer qu'il avoit été menacé par M. de Buffévent plutôt que par le Syndic ; d'où il réfulte que fa rétractation concordante , avec fa déclaration du matin *no. 18.* & fon autre déclaration du premier Février *no. 15.* & tous les difcours qu'il a tenus à ce fujet, méritent d'autant plus de foi , qu'il eft rangé au nombre de ceux que les Adverfaires ont fait figner avec eux ; & pourtant ils ne peuvent pas préfenter fon défavœu de cette rétractation. En vain ils fe rejettent fur le mot *abfolument.* Ceux qui lui portèrent l'ordre de convoquer , ne devoient convoquer en fa place qu'après fon refus formel. Ils ont donc pu lui dire *qu'il falloit abfolument* qu'il exprimât fon refus par écrit.

homme, qui abufe horriblement de la plume publique , qu'il tient dans fa main.

Le fieur Blanchard à coutume de donner cinq
ou dix fous à chaque témoin qu'il fait appeller
chez lui pour figner des teftamens ou autres actes notariés. Et il paroît qu'on y figne ordinai-
rement fur fa parole & fans lecture, ni connoiffance de caufe. Le fieur Beauvais mandé chez
lui le douze juillet figne fuivant fon defir , &
il apprend enfuite qu'il vient de figner la dépo-
fition du Curé. Celui-ci effrayé du crime qu'on
lui fait commettre, dreffe auffi-tôt un acte par lequel il expofe comment on l'a *pris par furprife
& par trahifon* pour le faire paroître *contre fon
très-digne pafteur* en faveur duquel il venoit de
figner la veille une requête avec les trois quarts &
demi des citoyens. Vous avez, Meffieurs, dans votre
comité des rapports ces trois pièces probantes : requête du 11 Juillet, n°. 4. fignée *par Beauvais*
avec 106 Citoyens ; rétractation du 12 figné *Beauvais*, *pièces des adverfaires* n°. 6 ; & enfin acte
du 14 n°. 44 , qui déclare la manière dont il
a été furpris , figné *Beauvais*.

Vous fentirez après cela, Meffieurs, que la
rétractation du 5 Juillet de Louis Cronn, qui le
11 Juillet a figné la requête en faveur du Curé,
que la rétractation du 12 Juillet des fieurs Voineau

Pabſt & Echert, qui la veille avoient ſigné la-
dite requête, a été ſurpriſe d'une ſemblable manière, & probablement ils ne ſçavent pas eux-
même qu'ils ſe ſont rétractés.

Ces intrigues criantes, ces fourberies perpé-
tuées & ſoutenues du pouvoir militaire & civil,
ſont bien voir la turpitude des adverſaires. Ils
ſe vantent impudemment d'avoir les déſavœux
de tous les commetans du Curé, & on leur préſente la requête du 11 juillet, confirmative des
procurations, ſignée de 19 Citoyens au-delà de
ceux qui avoient déja manifeſté leur vœu dans les
actes précédens, & on leur prouve que les ré-
tractations qu'ils ſont venus à bout de ſurpren-
dre en très-petit nombre (*cinq ſeulement*), ſont
autant de nouveaux crimes qu'ils ont ajouté à
leurs crimes anciens. C'eſt donc à force d'atrocités & d'horreurs qu'ils comptent affermir leur do-
mination uſurpée, & ſe mettre à l'abri de la ven-
geance des loix.

Cette odieuſe conduite doit les rendre bien
ſuſpects lorſqu'ils nous accuſent de prétendus dé-
fauts de forme dans notre élection, qui, quand
ils ſeroient vrais, ne pourroient pas nous faire
ſoupçonner d'aucune intention mauvaiſe. Suivez-
les, Meſſieurs, un inſtant, dans leurs accuſations
qui vont diſparoître.

On a admis, difent-ils, *des gens qui n'ont pas le droit de voter , étrangers , bourgeois qui ne contribuent pas affez ; fils de famille , infolvables , non-domiciliés , impuberes.*

Etrangers , bourgeois. Vous avez jugé, Meffieurs, dans votre Comité des Rapports avec le Comité de Conftitution , qu'ils avoient pu voter fans nullité ; & il feroit inutile de multiplier ici les raifons qui appuyent votre décifion.

Bourgeois qui ne contribuent pas affez. Nos antagoniftes parlent de la taxe de la journée qu'ils vouloient mettre à vingt fols , avec des vues très-ariftocratiques , très-inhumaines. Mais nous l'avons fixée à douze fols , à la très-grande majorité des voix , dans une affemblée légale , convoquée par le Syndic & les Municipaux de concert pour cet effet ; & vous avez trouvé Meffieurs , que nous avions fuivi les règles de la juftice & de l'humanité. Or ceux qu'ils difent ne pas contribuer affez, payent trente-fix fols & au-delà. Il n'y a que le feul Barth qui n'eft porté au rôle que pour quatorze fols fix deniers ; mais il paye cinquante fols dans le village voifin pour un terrein qui lui appartient ; & quatre autres qu'ils nomment ne payant pas réellement les trente-fix fols fixés, ont été exclus de l'élection , quoiqu'ils ayent offert de compléter la taxe. En cela notre délibération a été beaucoup plus rigoureuse qu'à Strasbourg, où ils furent admis.

Fils de famille. Les sieurs Big & Coulaux, majeurs, avoient toujours voté dans l'ancienne administration, comme représentans des chefs de maison ; nous remarquâmes qu'ils étoient unis *par indivis* de biens & d'industrie avec leurs mères, & conséquemment qu'ils portoient la charge de l'impôt *par indivis* avec elles, & nous sommes sûrs d'avoir saisi l'esprit de la constitution dans notre délibération, qui, prise régulièrement, fut en leur faveur.

Insolvables : Nous ne sçavons pas qu'aucun des trois qu'ils citent comme tels, ayent fait banqueroute ; & nous aurions manqué à la justice & même à la charité en les excluant. Pourquoi donc ces censeurs rigoureux n'en ont-ils pas exclu un plus grand nombre parmi eux qui sont beaucoup plus suspects d'insolvabilité ? L'intérêt de leur cabale les a décidés en leur faveur ; un sentiment plus noble nous engage à taire leurs noms, & à leur pardonner.

Non domiciliés. Les sieurs Petitat & Hoffstetter, ou plutôt l'un deux seulement, n'étoit pas domicilié depuis un an révolu, mais tous les deux y étoient possesseurs de maisons de la ville, & vous avez décidé, Messieurs, dans l'affaire

de

de M. Diétrich, Maire de Strasbourg, que ceux qui avoient une maison dans une ville n'avoient pas besoin de l'habitation annale pour user des droits de Citoyen actif. Ainsi nous avons toujours resté dans l'esprit de vos décrets.

Impubéres. Il est faux qu'aucun ait voté ni à l'élection du premier Février, ni à la séance de la veille. Un qui se présenta le 31 Janvier fut exclus, & obligé de se retirer.

La délicatesse, Messieurs, nous a engagé à entrer dans ces détails justificatifs dont nous aurions pourtant pu nous dispenser. Il nous auroit suffi de dire aux adversaires : « La Commune a dressé » la liste des Citoyens actifs, qui a été approu- » vée sans réclamation. Si vous aviez quelques » objections à faire, il falloit les exposer ; & l'as- » semblée eût jugé de leur validité. Mais vous » vous êtes retirés, & vous n'êtes plus aujourd'hui » fondés à vous plaindre ». En effet, Messieurs, le Comité de constitution juge que l'admission ou l'exclusion même injuste de quelques Citoyens faite à la majorité des voix, n'est pas une cause de nullité dans l'élection. Elle donne seulement lieu à faire régler les droits contestés au département pour l'élection suivante.

Au reste, nous avons admis tous ceux dont le titre étoit connu, sans aucune distinction d'a-

C

mis ou d'ennemis ; & fi nous y avions joint deux
ou trois infolvables ou autres, dont les droits
fuffent fujets à conteftation, nous trouverions notre
excufe dans ce grand principe de fageffe &
d'humanité qui fera toujours cher à nos légiflateurs : *favores font ampliandi, odiofa reftrin-
genda.*

C'eft par des principes tout différents que nos
cenfeurs malévoles fe font conduits. Non contents
de faire voter les infolvables, les initiés dans leur
cabale, qui étoient inactifs par leur propre régle-
ment (1), n'ont-ils pas indignement rejetté
leur Curé, les deux Vicaires & plus des deux
cinquièmes des Citoyens actifs de la ville (2)? Et
qui pourroit fe cacher après cela que leur but étoit
de faire tomber l'adminiftration dans les mains
de l'ancienne ariftocratie qui opprimoit les habitans ?

Paffons, Meffieurs, à l'objet le plus effentiel

---

(1) Antoine Dreux porté dans leur lifte ne paye que 45 f,
au lieu de 3 liv. Nous favons encore que plufieurs autres qui
ne font pas portés dans leur lifte ont voté avec eux, afin de
porter leur nombre jufqu'à 57, ce que nous regardons
pourtant comme exagéré.

(2) Nous avons à Huningue 175 citoyens actifs, & probablement davantage, & leur lifte n'en met que 106.

qu'on vous préfente : trois prétendues nullités dans l'élection du Curé - Préfident.

1°. *Votre décret , dit-on , voulbit que l'Affemblée fe formât en la préfence d'un citoyen chargé de ce foin par la Municipalité.* On vous en impofe, Meffieurs ; votre décret ne regarde que l'Affemblée préliminaire qui devoit être faite huit jours auparavant, ou du moins il ne regarde que les Affemblées des Sections où les Municipaux ne pouvoient pas préfider. *Décret du 14 Décembre 1789, art. 8.)* Après tout, nos cenfeurs ont bien mauvaife grace de critiquer dans notre Procès-verbal , cette prétendue omiffion, tandis qu'ils font tombés dans le même cas. (*Voyez leur Procès-verbal.*) Mais une faute bien plus grave qu'ils nous ont donné occafion de découvrir, & qui certainement entraîneroit nullité, c'eft que leur cher Préfident ; le fieur Baudoin, n'a pas prêté le ferment prefcrit par les décrets.

2°. *Le décret vouloit que les trois plus anciens d'âge reçuffent le fcrutin. Or,* difent-ils, *il n'eft pas fait mention de ces fcrutateurs.* Nous avons rempli le décret dans toute fon étendue. Les trois anciens d'âge ont reçu & ouvert les fcrutins le 31 Janvier & le premier Février. Leurs noms font infcrits dans le premier Procès-verbal , n°. 8, ce qui rend palpable le menfonge des adverfaires. Si dans le

fecond leurs noms ont été omis ; ou parce qu'on
ne croyoit pas cette répétition néceffaire , ou parce
que les terreurs dont on étoit environné , obli-
geoient de preffer une opération que la force arif-
tocratique vouloit arrêter, cette omiffion d'infcrire
une formalité ne peut pas rendre l'élection nulle ,
dès-lors qu'on peut prouver par la voix de toute la
Commune , que dans le fait , cette formalité a
été exactement remplie. Et ne feroit-il pas impré-
fumable que des Municipaux affez fcrupuleux pour
employer la veille des fcrutateurs dans un acte où
ils n'étoient pas tequis par la loi , les euffent re-
jettés le lendemain , lorfque les décrets leur fai-
foient un devoir rigoureux de les admettre ?

3°. *Enfin* , difent-ils, *la nomination du Secrétaire fuppofe évidemment que ce Secrétaire doit rédiger le Procès-verbal d'élection.* Voilà une *évi-
dence* de nos adverfaires qui eft bien contraire au
fens commun ; car il eft certain qu'un Procès-
verbal régulier , doit être dreffé à mefure de chaque opération , & fans déplacer. Or un Secrétaire
qui n'eft pas nommé ne peut pas le rédiger. Cette
rédaction appartenoit donc au Secrétaire de la Municipalité ; & comme il étoit abfent , & qu'il n'ar-
riva qu'à la fin de la féance , un Municipal, fuivant la coutume , devoit prendre fa place ; or ce
Municipal fut *Frere* Delarue, que les autres cru-

rent capable de faire une rédaction prompte & exacte dans un moment preſſant., où on étoit environné d'intrigues & de terreurs. *Frere* Delatue n'eut pas tort de ſe prêter à leurs vues. Il n'étoit point alors Préſident, il n'étoit point ſcrutateur, il étoit Secrétaire. Depuis qu'il a été nommé Préſident, les Procès-verbaux ne ſont plus écrits de ſa main. La queſtion ſe réduit donc à ces trois mots : *Un Municipal peut-il faire les fonctions du Secrétaire dans l'abſence du Secrétaire nommé ?* Oui, ſans doute. *Un Secrétaire peut-il être nommé Préſident ?* Oui, ſans doute. *Le Procès-verbal écrit par le Secrétaire avant qu'il fût nommé Préſident, eſt-il valide ?* Oui, ſans doute.

Ainſi diſparoiſſent tous ces nuages élevés par le ſieur Avocat Ritter., qui, après s'être intrus dans la ville d'Huningue, pour y exciter tant de tempêtes funeſtes aux citoyens, utiles à lui ſeul, a cru qu'il viendroit à bout par ſes protecteurs, d'empêcher que le Curé député n'eût le tems de détruire l'ouvrage de ténébres ſur lequel il fondoit ſon triomphe. Il a cru qu'il étoit encore devant ces anciens tribunaux ariſtocrates, & que l'intrigue & les menées pourroient aſſurer ſes ſuccès. Il a mal jugé, Meſſieurs, de votre juſtice, de vos vertus. Vous avez ſenti combien il étoit équitable d'accorder au Curé député, un délai pour ſe juſtifier;

avec ſes conſorts patriotes, de toutes les allégations cumulées contre eux; & celui-ci empreſſé
de terminer les malheurs de ſes concitoyens, qu'ils
prolongent depuis ſept mois par des retards com-
binés, ſe contente de quatre jours, pour réfuter le
volume *in-4°* de calomnies & d'atrocités inſolem-
ment répandu dans l'Aſſemblée Nationale. Si vous
trouviez pourtant quelques inculpations négligées,
il proteſte qu'il oppoſe une négation pure & ſim-
ple aux menſonges infâmes que l'aſtuce fertile de
ſes ennemis invente à chaque inſtant.

Il ne croit pas non plus devoir répondre ſérieu-
ſement aux concluſions imbécilles & méchantes du
libelliſte, qui veut le faire dépoſſéder de ſon Béné-
fice-Cure, pour ſon *incapacité* & ſes *déſordres*. Son
incapacité : eſt-ce au petit Avocat Ritter, aux Municipaux intrus & ignorans d'Huningue à en juger ? La
Sorbonne, le Prince-Evêque de Bâle, l'Evêque de
Lydda ſon Süffragant, voilà ſes juges ; & il eſt
prouvé combien ils lui ſont favorables. *Ses déſor-*
dres : & le calomniateur Ritter n'a pas oſé inven-
ter un fait contre ſes mœurs ; & tous les libelles
manuſcrits & imprimés, anonymes & pſeudony-
mes, forgés par les ennemis que lui a ſuſcités ſon
amour perſévérant pour le bien public, n'ont pas
oſé attaquer la régularité de ſa conduite. Quels ſont
donc ces *déſordres* qu'il veut lui reprocher ? Ah!

Meffieurs, ce font les défordres excités dans la ville d'Huningue par la Municipalité ufurpatrice dont vous avez déja arrêté la *caffation* dans votre Comité des Rapports, par le fieur Buffévent & autres, que vous avez jugé devoit être *improuvés.* Ce font les défordres des accufateurs qui vous demandent impudemment que vous dépoffédiez leur Curé, afin de faire triompher leurs crimes, & de pouvoir écrafer les malheureux dont il eft le protecteur & le pere.

Que fignifie après cela cette requête d'une demi-douzaine d'ambitieux intéreffés, qui auroient obtenu par féduction, par menaces & par violence, la fignature de quelques enfans, de quelques femmes, de quelques étrangers non domiciliés, de quelques pauvres intimidés, de quelques autres gens enfin qui les défavouent déja, ou qui n'attendent que la ceffation des vexations, pour manifefter leurs regrets? Comparez, Meffieurs, cette requête impudente, avec le vœu général des vrais habitans d'Huningue, du 11 Juillet dernier, n°. 41; & vous verrez qu'ils vous redemandent avec empreffement, le pafteur qu'ils chériffent, *afin de lui témoigner leur reconnoiffance, & de continuer de s'édifier par fes exemples & fes vertus* (1).

---

(1). Il réfulte de la comparaifon de tout requête cités,

Nous avons répondu, Messieurs, à toutes les abfurdités des antipatriotes. Ainfi rien ne doit plus vous empêcher de prononcer dans une caufe qui vous occupe depuis trop long-tems.

Cependant pour fimplifier cette affaire que les ennemis du bien public veulent charger de complications, nous allons la réduire aux plus fimples élémens.

---

qu'il y a trois fois plus de fignatures du côté du Curé que du côté oppofé, quoique tous les genres de force, de féduction, & de terreur foient entre les mains des Adverfaires. Et on ne craint pas de dire que plus des trois quarts & demi des citoyens ont manifefté le défir formel de conferver leur bon Curé, fi on y comprend ceux qui fe font exprimés de vive voix, en déclarant qu'ils n'ofoient figner aucun acte dans la crainte des municipaux. Il n'y a qu'une demi-douzaine de factieux qui voudroient entraîner le peuple avec eux, le Lieutenant de-Roi, le Commiffaire, le Syndic, le Notaire & peut-être deux Magiftrats. Or plus de la moitié de ceux-ci doit quitter Huningue, dans les difpofitions de la nouvelle conftitution. Ainfi on voit que le Curé y reftera bien tranquille & bien chéri de fes paroiffiens.

Ils difent *qu'il ne fait point la langue allemande.* D'abord il la fauroit parfaitement s'ils l'euffent laiffé tranquille ; enfuite fa ville eft une colonie françoife où on ne compte que trois ou quatre familles allemandes, pour lefquelles il y a deux Vicaires allemands. Or que diroit-on de quelqu'un qui voudroit dépofféder le Curé de Saint-Sulpice, parce qu'il a trois mille allemands, quoiqu'il n'ait qu'un Vicaire de cette nation ?

Vous

Vous avez arrêté dans votre Comité des rap.
ports *que la Municipalité ufurpatrice d'Huningue
devoit être caffée, que le fieur de Buffévent devoit être improuvé, &c.* Et toutes les affertions
controuvées des adverfaires ne vous ont pas fait
changer d'avis fur ces deux points ; vous n'avez
paru héfiter que fur quelques allégations de
nullité dans le procès-verbal du premier Février,
dont la vérification pourroit être faite par des Com-
miffaires du département. Le Curé-député furpris
d'abord de la hardieffe des inventions nouvelles
de l'Avocat , vient de vous donner aujour-
d'hui des folutions fatisfaifantes qui difpenfe-
roient de ce renvoi. Cependant comme il avoit
déja offert, dès le premier jour d'abandonner fa
préfidence pour la paix, il renouvelle aujourd'hui
devant vous ces mêmes offres, que l'adverfaire libellifte n'a pas ofé nier. Il offre encore au nom
de ces commettants, d'abandonner entièrement le
procès-verbal du premier Février, afin de donner
à leurs frères égarés, une preuve de leur defir
fincère pour la réunion des cœurs , & d'accélérer le rétabliffement de l'ordre dans une ville
forte, où la fédition peut avoir les fuites les plus
dangereufes.

Ces facrifices des patriotes pour la pacification , devroient toucher le cœur de leurs oppref-

feurs, qui cherchent à multiplier les chicanes & les renvois de tribunal en tribunal. Confidérez, Meffieurs, que pendant ces longs délais, la Municipalité appefantit fa verge de fer, que les bons Citoyens font emprifonnés, d'autres exilés, d'autres dépoffédés de leurs emplois, que le Curé eft enveloppé de fentinelles, *menacé d'être coupé par morceaux*, &c. (1) Que des proclamations font affichées pour rappeller les réfugiés, que 160 communautés de diftrict ont été convoquées pour protefter contre les affignats, &c. Toutes ces affertions font déja prouvées au procès; & elles ne vous permettent pas de douter que de nouveaux retards vont enhardir les ufurpateurs, porter le défefpoir dans le cœur des patriotes, & détruire l'efprit de votre conftiturion dans Huningue.

Ce confidéré, Meffieurs, il vous plaife décréter que la Municipalité illégale d'Huningue fera caffée (2); que les fieurs de Buffévent, Lieutenant-de-

____

(1) Le libellifte a eu l'impudente bétife de dire devant témoins, & notamment devant des Légiflateurs, *que le Curé feroit coupé par morceaux s'il revenoit à Huningue.* C'eft donc vous, capitaine Ritter, qui vous chargerez de cette expédition avec votre demi-douzaine d'adhérents ; car on voit que les trois quarts & demi de la ville font prêts à le défendre?

(2) Quand on renverroit au Département, il faudroit au

Roi, Baudoin, foi-difant Préfident du Comité ufur-
pateur, & Ritter, Syndic, feront improuvés pour
avoir arrêté l'élection, de telle manière que vous
jugerez convenable ; que ceux qui ont été léfés
auront recours contre les auteurs de la léfion devant les tribunaux ordinaires ; que les requêtes
préfentées contre le Curé qui a prouvé fon patriotifme, feront rejettées, & qu'il fera mis fous la
fauve-garde de la loi; & enfin que, vu l'offre faite
par le Curé & fes commettants d'abandonner le
procès-verbal du premier Février, (fi vous le
trouvez à propos) pour accélérer la pacification,
l'élection fera recommencée auffi-tot après le pré-
décret, fous la furveillance d'un commiffaire du
fent département, & ferez juftice.

DELARUE, *Curé-Député d'Huningue.*

---

moins pour la tranquillité publique, fufpendre la Municipalité actuelle, de même qu'on fufpend la Préfidence du Curé
nommé. En fuppofant les deux élections également douteu-
fes, il feroit bien injufte d'accorder un avantage à l'une plutôt qu'à l'autre.

De l'Imp. de CL. SIMON, Imp. de M. L'ARCHEVÊQUE
de Paris, rue Saint-Jacques. N°. 27. 1790.

[illegible]

9 782014 433517